edition:pit elsasser

AF145353

Pit Elsasser

Unsere Liebesschloss-Story

‚BuchBriefe'
von Pit Elsasser sind Bücher, die individuell gefüllt werden wollen.
Bücher, die Anregungen geben wollen, etwas zu formulieren und weiterzugeben.

Sie sind geeignet, auf ganz persönliche Art jemandem zu gratulieren,
Nähe, Zuneigung oder Freundschaft zu zeigen.
Man kann sie immer wieder nachschlagen, ergänzen und ins Bücherregal stellen.

Sie zeigen dem Beschenkten,
dass der Schenkende sich Gedanken gemacht und die Zeit genommen hat,
etwas Besonderes weiterzugeben.

Der Innenteil ist bewusst zurückhaltend gestaltet,
damit man auch über die nicht benötigten Schlagworte schreiben kann.
Setzen Sie selbst neue Schlagworte dazu,
so wie Sie sie für Ihre Geschichte benötigen.

Denken Sie daran:
‚Glück ist das Gefühl auf dem richtigen Weg zu sein'

edition:pit elsasser

Autor, Herausgeber und Gestaltung:
Pit Elsasser
© 2015

Herstellung und Verlag:
BoD—Books on Demand, Norderstedt
ISBN 978-3-7386-3889-9

Die Deutsche Nationalbibliothek verzeichnet diese Publikation in der Deutschen Nationalbibliografie;
detaillierte Daten sind im Internet unter www.dnb.de abrufbar.

Besuchen Sie mich auch auf You Tube unter Pit Elsasser oder unter
www.portrait-skulptur-kunst.de
www.kreativkurse-wiesloch.de

PIT ELSASSER

UNSERE

LIEBES
SCHLOSS
STORY

FÜR DICH
FÜR MICH
FÜR UNS

_____

_____

_____

Ginkgo biloba

Dieses Baum's Blatt, der von Osten
Meinem Garten anvertraut,
Gibt geheimen Sinn zu kosten,
Wie's den Wissenden erbaut.

Ist es ein lebendig Wesen?
Das in sich selbst getrennt,
Sind es zwei, die sich erlesen,
Dass man sie als eines kennt?

Solche Frage zu erwidern
Fand ich wohl den rechten Sinn;
Fühlst du nicht an meinen Liedern
Dass ich eins und doppelt bin?

Johann Wolfgang von Goethe

DER TAG, AN DEM ALLES BEGANN ...

UNSER SELFIE ...

DIE BEGEGNUNG ...

DER ORT ...

DAS DATUM ...

DIE STADT ...

DU HAST MICH ...

ICH HAB DICH ...

WIR HABEN UNS ...

WIR WOLLTEN ...

WIR WAREN ...

WIR SIND ...

UNSER SCHLOSSBILD ...

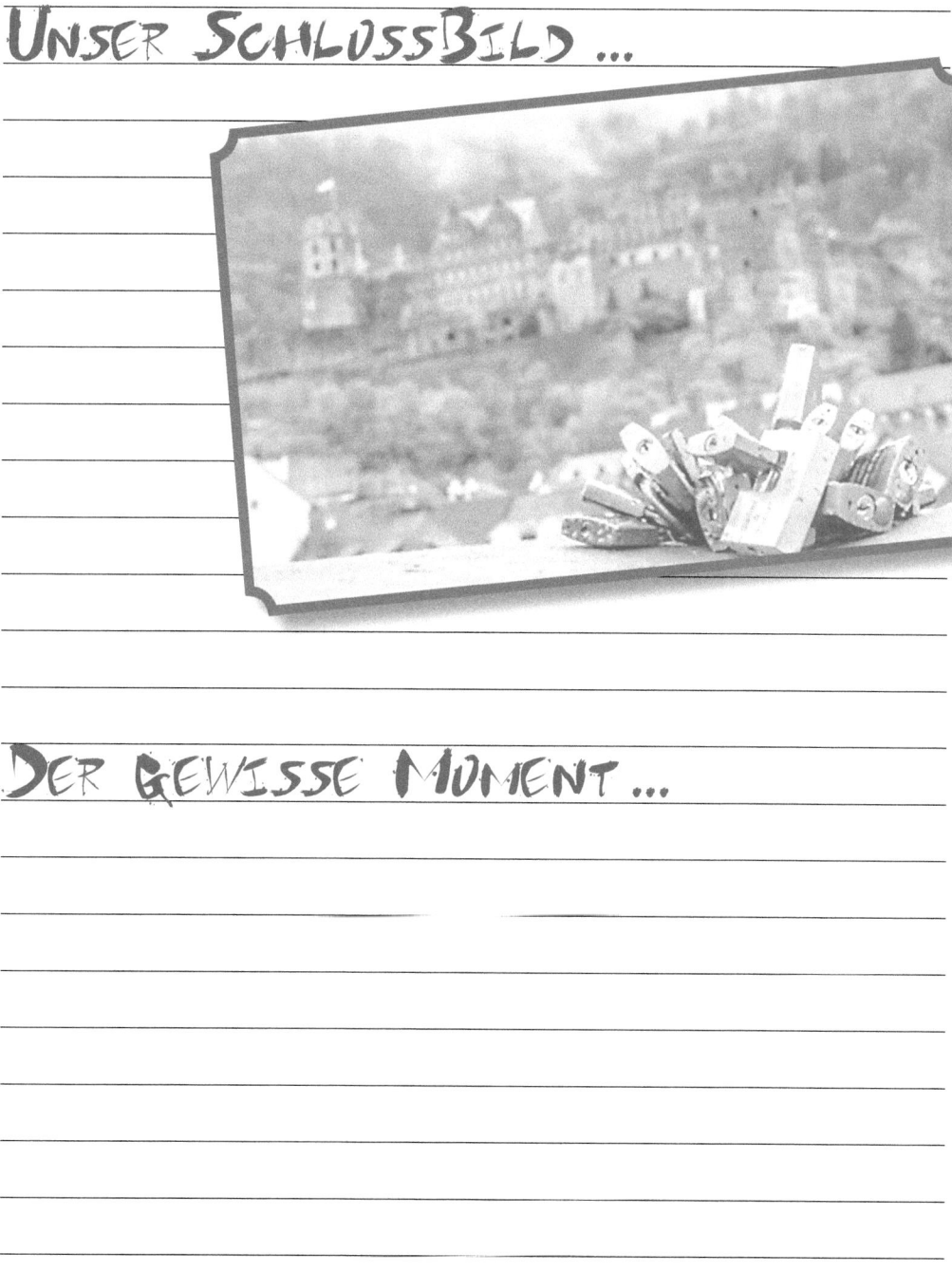

DER GEWISSE MOMENT ...

FESTGEMACHT AM ...

DAS WETTER ...

WAS ICH ANHATTE ...

ROMANTIK / DRAMATIK ...

DIE UMARMUNG ...

DES KUSS ...

WAS ICH AN DIR SO SCHÄTZE...

WAS ICH AN DIR SO SCHÄTZE...

MEINE WÜNSCHE FÜR UNS ...

MEINE WÜNSCHE FÜR UNS ...

DEN SCHLÜSSEL HABEN WIR ...

_____

_____

_____

_____

_____

UNSERE LOVE STORY...

UNSERE HOFFNUNG FÜR UNSERE LIEBE ...

DREHBUCH UNSERER LIEBE...

DREHBUCH UNSERER LIEBE...

DREHBUCH UNSERER LIEBE...

DREHBUCH UNSERER LIEBE...

DREHBUCH UNSERER LIEBE...

DREHBUCH UNSERER LIEBE...

DREHBUCH UNSERER LIEBE...

DREHBUCH UNSERER LIEBE...

DREHBUCH UNSERER LIEBE...

DREHBUCH UNSERER LIEBE...

DREHBUCH UNSERER LIEBE...

68

DREHBUCH UNSERER LIEBE...

DREHBUCH UNSERER LIEBE...

DREHBUCH UNSERER LIEBE...

DREHBUCH UNSERER LIEBE...

Weitere Bücher vom selben Autor sind bei BoD - Books on Demand erschienen:
Alle Bücher im praktischen 17 x 22 cm-Format

Heidelberg – Ich dreh' mich noch einmal nach dir um
Eine Heidelberger Nachkriegskindheit. Erinnerungen an eine schwere, aber auch schöne Zeit
in einer der schönsten Städte.
ISDN 978-3-7322-9169-4   € 19,70   Softcover, 240 Seiten und über 250 Fotos

Was du über die Pubertät deiner Kindheit wissen solltest!
Was junge Eltern über die Pubertät ihrer eigenen Kindheit wissen sollten, wenn ihre Kinder in
dieses Alter kommen. Schreiben Sie selbst die authentischste Biografie über diese turbulente Zeit
ihrer Kinder, eine Zeit, die eigentlich niemand braucht, um die sich aber auch keiner drücken kann.
ISBN 978-3-7347-9596-1   € 9,99   Softcover, 144 Seiten

12 Freunde
Das ultimative Freundschaftsbuch für alte und neue Freundinnen und Freunde, mit denen Sie auch
viel Freude verbinden. Ein BuchBrief zum Füllen mit den besten Wünschen und Ermahnungen.
ISBN 978-3-7386-0895-3,   € 9,99   Softcover, 84 Seiten

Du wolltest nichts! Hier hast du's
Ein Buch für alle, die schon alles haben und sich nichts mehr wünschen, mit leeren Seiten zum Füllen
und einem witzigen Covertext zum Vorlesen.
ISBN 978-3-7347-5754-9,   € 9,99   Softcover, 144 Seiten

Endlich achtzehn!
Glückwunsch! Jetzt kannst du über dich hinauswachsen. Ein BuchBrief von Freunden, Eltern und
Geschwistern, die diesen Meilenstein eines neuen Lebens festhalten wollen.
ISBN 978-3-7386-3885-1   € 9,99   Softcover, 84 Seiten

In Gedanken bei dir
Ein BuchBrief für Menschen in Not, der gefüllt wird mit Gedanken und Erinnerungen an
gemeinsame Zeiten, zum Trost und Mutmachen.
ISBN 978-3-7386-3891-2   € 9,99   Softcover, 84 Seiten

Liebesschloss – Story
Ein Buch für alle, die ihre Liebesschloss – Story aufschreiben wollen, damit von diesem
besonderen Augenblick und dem magischen Ort nichts vergessen wird.
ISBN 978-3-7386-3889-9   € 9,99   Softcover, 84 Seiten

Ich gehe. Meine Erinnerung bleibt!
Ein BuchBrief, in dem persönliche Erinnerungen für die nachfolgenden Generationen festgehalten
werden. Oma, Opa, Mutter, Vater – erzähl mir euer Leben, damit ich erfahre woher ich komme.
ISBN 978-3-7386-3894-3   € 9,99   Softcover, 84 Seiten